INVENTAIRE
V 15687

Ateliers
SCHOUVLINHES S.A.
2002

COURS
THÉORIQUE ET PRATIQUE
DE DESSIN LINÉAIRE
LAVIS ET ORNEMENT
Par A. Le Béalle,

ANCIEN ÉLÈVE—MAITRE A L'ÉCOLE NORMALE DE VERSAILLES, PRÉPARATEUR A L'ÉCOLE CENTRALE DES ARTS ET MANUFACTURES.

Ouvrage autorisé par le Conseil de l'Instruction publique
pour les écoles primaires, les classes d'adultes et les écoles normales.

TROISIÈME ÉDITION
REVUE ET AUGMENTÉE.

Cours supérieur.
Première Partie.
TOPOGRAPHIE, MÉTRÉ, NIVELLEMENTS.

PARIS.
IMPRIMERIE ET LIBRAIRIE CLASSIQUES DE JULES DELALAIN,
IMPRIMEUR DE L'UNIVERSITÉ, RUES DE SORBONNE ET DES MATHURINS.

COURS

THÉORIQUE ET PRATIQUE

DE DESSIN LINÉAIRE

LAVIS ET ORNEMENT

Par A. Le Béalle,

ANCIEN ÉLÈVE-MAÎTRE A L'ÉCOLE NORMALE DE VERSAILLES, PRÉPARATEUR A L'ÉCOLE CENTRALE DES ARTS ET MANUFACTURES.

Ouvrage autorisé par le Conseil de l'Instruction publique
pour les écoles primaires, les classes d'adultes et les écoles normales.

TROISIÈME ÉDITION
REVUE ET AUGMENTÉE.

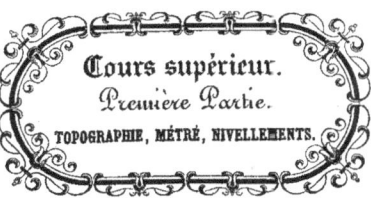

Cours supérieur.
Première Partie.
TOPOGRAPHIE, MÉTRÉ, NIVELLEMENTS.

PARIS.

IMPRIMERIE ET LIBRAIRIE CLASSIQUES DE JULES DELALAIN,
IMPRIMEUR DE L'UNIVERSITÉ, RUES DE SORBONNE ET DES MATHURINS.

1850

TABLE DES MATIÈRES.

TEXTE (AVEC FIGURES).

NOTIONS PRÉLIMINAIRES.	N°' d'ordre.
Définition de la topographie.	1
Définition des opérations d'arpentage.	2 à 7
id. du lever des plans.	8 à 11
id. des calculs géométriques.	12
Cas de similitude ou d'égalité des triangles.	13 à 24
Règles particulières au triangle rectangle.	25 à 31

DESCRIPTION ET USAGES DES INSTRUMENTS.	
Jalons, alignements; — chaîne, chaînage.	32 à 42
Equerre d'arpenteur, perpendiculaires.	43 à 54
Graphomètre, mesure des angles.	55 à 62
Planchette, alidade.	63 à 68
Boussole d'arpenteur.	69 à 76
Niveaux.	77 à 81

OPÉRATIONS SUR LE TERRAIN.	N°' d'ordre
LEVER D'UN PLAN { à la chaîne.	82 et 8
à l'équerre.	84 à 8
au graphomètre.	88 à 9
à la planchette	92 et 9
à la boussole.	94
MÉTRÉ D'INTÉRIEUR.	95
CUBAGE { de tranchées ou déblais.	96 et 9
de chaussée ou remblais	98
de cailloux, sable, cuve, tonneau.	99 à 10
NIVELLEMENTS.	102 et 10
Mesure des hauteurs.	104 à 10
Description sommaire d'instruments compliqués.	107 à 11
Composition des teintes conventionnelles.	112 à 11
Tracé des montagnes; — disposition de l'ombre.	115 à 11

PLANCHES.

	Planches.
Teintes et signes conventionnels.	1 et 2 ; 3 et 4
PLANS RELEVÉS { à la chaîne.	5
à l'équerre	6
au graphomètre.	7 et 8

	Planches
PLANS RELEVÉS { à la planchette.	9
à la boussole	10
Métré d'un intérieur.	11 et 1
Cubage.	13
Nivellements; — mesure des hauteurs.	14

OBSERVATIONS.

Toutes les planches de cette partie doivent être reproduites au double; chacune d'elles occupera donc une feuille entière de papier grand raisin ou de demi-grand aigle. (Pour le mélange des couleurs, voir la 1ʳᵉ partie du Cours élémentaire, N°' 18 à 21.)

Les mesures n'étant pas indiquées, il faut les prendre sur le modèle avec le triple décimètre, les doubler pour la reproduction, et les coter d'après l'échelle. (Pour les échelles, consulter la 3ᵉ partie du Cours élémentaire.)

NOTA. Nous nous chargeons de fournir les instruments de mathématiques ou d'arpentage, les couleurs, le papier ou autres objets nécessaires au dessin linéaire, et dont le choix est souvent une difficulté pour le professeur aussi bien que pour les élèves.

A. LE BÉALLE, rue des Saints-Pères, 59.

NOTIONS DE TOPOGRAPHIE.

1. — La *Topographie* est l'art d'apprécier et de représenter les rapports de *forme*, d'*étendue*, d'*inclinaison* des différentes parties du sol. Cette science comprend trois parties bien distinctes : l'*Arpentage*, le *Lever des plans*, les *Calculs géométriques*.

ARPENTAGE.

2. L'*Arpentage* embrasse les opérations à effectuer sur le terrain seulement ; ces opérations se réduisent à 5, savoir :
3. — 1° Les lignes droites à indiquer sur le terrain au moyen de jalons, ce qui se nomme *mener un alignement* ;
4. — 2° Les perpendiculaires à mener aux alignements, avec l'équerre d'arpenteur, ce qui s'appelle *donner un coup d'équerre* ;
5. — 3° Les mesures à prendre avec la chaîne ou décamètre, ce que l'on nomme *chaîner* ;
6. — 4° Les angles à mesurer à l'aide du graphomètre ; (Le graphomètre sert encore à mesurer les hauteurs inaccessibles.)
7. — 5° Les hauteurs relatives à prendre au moyen du niveau ; cette opération se nomme *nivellement*.

LEVER DES PLANS.

8. — Le *Lever des plans* consiste dans la représentation sur le papier et dans des dimensions proportionnelles, soit de terrains préalablement arpentés, soit de terrains dont on obtient la conformation par d'autres procédés que l'arpentage.
9. — La représentation d'un terrain arpenté se fait au moyen de l'échelle de proportion pour la dimension des lignes, et du rapporteur pour la dimension des angles. (On obtient immédiatement cette représentation avec la planchette seule.)
11. — Pour indiquer sur le papier les différents objets qui occupent la surface du terrain dont on lève le plan, on a recours à des teintes, à des lignes et à des signes conventionnels.

CALCULS GÉOMÉTRIQUES.

12. — Les calculs à effectuer pour connaître l'aire ou superficie d'une surface, ou la solidité d'un corps, sont indiqués dans les 3° et 4° parties de cet ouvrage ; mais il arrive fréquemment qu'une ou plusieurs des données nécessaires à ces calculs ne peuvent être recueillies par le lever d'un plan. La similitude des triangles supplée, dans un grand nombre de cas, aux données manquantes. Il est donc de la plus grande importance de connaître les principales règles de similitude et leurs applications.

CAS DE SIMILITUDE OU D'ÉGALITÉ DES TRIANGLES.

Deux figures sont..
- 13. *Équivalentes*, lorsqu'elles ont même surface. *Un triangle peut donc être équivalent à un carré.*
- 14. *Semblables*, lorsqu'elles ont leurs angles égaux chacun à chacun, et leurs côtés homologues proportionnels.
- 15. *Égales*, lorsqu'elles sont en même temps équivalentes et semblables.

Deux triangles sont..
- 16. *Équivalents*, lorsqu'ils ont même base et même hauteur.
- *Semblables*,
  - 17. lorsque deux de leurs angles sont égaux chacun à chacun, le troisième étant nécessairement égal. (3° Partie, Planche 3, Définition 31.)
  - 18. lorsqu'ils ont un angle égal compris entre deux côtés proportionnels.
  - 19. lorsqu'ils ont leurs côtés homologues proportionnels.
  - 20. lorsque leurs côtés homologues sont parallèles ou perpendiculaires entre eux.
- *Égaux*..
  - 21. lorsqu'ils ont leurs côtés homologues égaux.
  - 23. lorsqu'ils ont un angle égal compris entre deux côtés égaux.
  - 24. lorsqu'ils ont un côté égal compris entre deux angles égaux.

RÈGLES PARTICULIÈRES AU TRIANGLE RECTANGLE.

25. — Le produit d'un nombre multiplié par lui-même se nomme *carré*, et le nombre lui-même se nomme *racine carrée* (ainsi 16 est le carré de 4, et 4 est la racine carrée de 16). Le carré d'une ligne s'entend du carré de sa longueur.
26. — Le carré de l'hypoténuse d'un triangle rectangle est égal à la somme des carrés des deux autres côtés ; il en résulte que :
27. — 1° *Connaissant les deux côtés de l'angle droit, on obtient l'hypoténuse en cherchant la racine de la somme des carrés de ces deux côtés ;* (On nomme hypoténuse le côté opposé à l'angle droit.)
28. — 2° *Connaissant l'hypoténuse et l'un des côtés, on obtient le troisième côté en retranchant du carré de l'hypoténuse le carré du côté connu et cherchant la racine du reste.*
29. — La perpendiculaire abaissée de l'angle droit sur l'hypoténuse la divise en deux parties nommées *segments*, dont elle est moyenne proportionnelle. Il résulte de là que :
30. — 1° *Connaissant les deux segments, on extrait la racine carrée de leur produit pour connaître la perpendiculaire ;*
31. — 2° *Connaissant la perpendiculaire et l'un des segments, on retranche du carré de la perpendiculaire le carré du segment connu, et l'on extrait la racine du reste pour connaître l'autre segment.*

Pour avoir la surface d'un triangle dont on ne peut mesurer que les trois côtés, il faut : 1° *Faire la somme des trois côtés et en prendre la moitié ;* — 2° *De cette demi-somme retrancher successivement chacun des trois côtés, ce qui donne trois restes ;* — 3° *Multiplier ces trois restes entre eux, et leur produit par la demi-somme ;* — 4° *Extraire de ce produit la racine carrée, qui sera la surface du triangle.*

INSTRUMENTS D'ARPENTAGE.

JALONS.

32.—Pour indiquer un alignement sur le terrain, on se sert de *jalons* : ce sont des baguettes ou bâtons bien droits, de 1m 50 à 2m 00, pointus à la partie inférieure, qui se plante en terre, et fendus à l'extrémité supérieure pour recevoir un rectangle en carton ou en fer-blanc. Ces rectangles, nommés *voyants*, sont ordinairement peints mi-partie en blanc, mi-partie en rouge, pour faire distinguer les jalons éloignés.

33.—Pour mener un alignement, il faut être deux opérateurs : l'un qui reste en place pour juger de sa rectitude, l'autre qui parcourt la ligne pour planter les jalons de distance en distance (à 60 pas environ les uns des autres, afin que l'on suive bien la direction de la ligne lorsqu'on le mesure). L'arpenteur se fait donc accompagner d'un aide qui place les jalons, tandis que lui-même juge les alignements.

Les jalons doivent être plantés bien verticalement : à cet effet, l'aide se munit d'un fil-à-plomb, au moyen duquel il s'assure de leur verticalité.

Fig. 1. | Fig. 2.

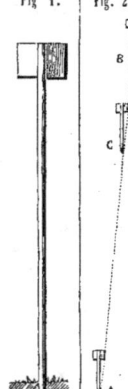

ALIGNEMENTS

34.—Soit à mener un alignement de A en B (*fig. 2*).

1° L'arpenteur reste en A, où il place un jalon ; 2° l'aide, prenant dans sa main gauche le nombre de jalons qu'il croit devoir employer, se rend en B, où il place aussi un jalon ; — 3° revenant alors vers le point A, tout en suivant la direction présumée de l'alignement, il s'arrête à 60 pas environ de B, soit en C : là, prenant un jalon de la main droite et le tenant verticalement, il étend le bras pour dégager le jalon de son corps, et regarde les signaux que lui fait l'arpenteur ;—celui-ci, se plaçant à 3 ou 4 pas en arrière du jalon A, se baisse et regarde si ce jalon, en cachant le jalon B, cache en même temps le jalon C : si ce dernier lui apparaît à droite, il étend la main gauche ; s'il lui apparaît à gauche, il étend la main droite ; l'aide marche alors de côté, dans le sens indiqué par les signaux. Lorsque le jalon C disparaît entièrement, l'arpenteur élève la main droite, puis l'abaisse verticalement : à ce signal, l'aide plante son jalon, s'assure de sa verticalité, et reprend sa marche vers le point A, etc.

CHAINE.

35.—Pour mesurer les lignes sur le terrain, on se sert d'un *décamètre* ou chaîne de 10m de long, y compris ses deux poignées. La chaîne est divisée de 2 en 2 décimètres par des anneaux, les uns en fer, les autres en cuivre ; ces derniers placés de 5 en 5 pour séparer les mètres. L'anneau qui se trouve au milieu de la chaîne, et qui, par conséquent, marque 5 mètres, a de plus une marque distinctive.

36.—La chaîne est accompagnée de 10 fiches qui servent à marquer l'endroit où se termine chaque longueur de chaîne.

37.—On mesure la superficie d'un terrain d'après deux méthodes : par *cultellation* ou par le *développement*.

38.—Par la *cultellation*, on considère le terrain comme n'ayant que la surface de sa projection horizontale, et l'on ne tient alors aucun compte du surplus de surface résultant de son inclinaison. Par cette méthode, la chaîne doit toujours être tendue horizontalement.

39.—Par le *développement*, on donne au terrain la surface qu'il a réellement ; par cette méthode, la chaîne doit toujours être appliquée sur le sol.

NOTA. *La méthode de cultellation est de beaucoup préférable :* — 1° *parce que les végétaux croissant verticalement, un terrain incliné n'en produit pas plus que s'il était horizontal ;* 2° *parce que la pente d'un terrain étant susceptible de modifications, sa surface réelle peut changer, tandis que sa projection horizontale reste la même ;* — 3° *parce qu'enfin il est impossible d'obtenir la véritable surface d'un terrain accidenté, quel que soit le nombre de mesures partielles que l'on prenne.*

Il est indispensable d'indiquer sur un plan d'après laquelle de ces deux méthodes il a été arpenté.

Chaîne. — Fig. 3.

Fiche. — Fig. 4.

CHAINAGE.

40.—Pour chaîner, l'aide marche en tête, les quatre doigts de la main droite engagés dans une des poignées de la chaîne, et le pouce de la main gauche passé dans les anneaux des fiches. Tout en marchant, il place une fiche entre les deux doigts du milieu de la main droite, l'anneau touchant à l'extérieur de la poignée de la chaîne. — Lorsque la chaîne est tendue, il s'arrête, plante d'aplomb la fiche qu'il tient de la main droite, et se remet en marche.—Lorsqu'il vient de planter la dixième fiche, il crie le mot *cent* ; l'arpenteur, qui a successivement relevé les neuf premières fiches, rejoint l'aide, lâche la chaîne, plante un jalon à la place de la dernière fiche et les remet toutes à l'aide, qui reprend le chaînage.

41. — L'arpenteur doit avoir les quatre doigts de la main droite engagés dans l'autre poignée de la chaîne ; il garde dans la même main les fiches qu'il relève, afin de conserver libre la main gauche pour tenir un cahier sur lequel il inscrit toutes les mesures, que l'on nomme *cotes*.

42. — On est souvent obligé d'interrompre le chaînage d'une grande ligne pour en mesurer d'autres qui s'y rattachent et que l'on nomme *ordonnées*. — Dans ce cas, l'arpenteur dépose les fiches qu'il a relevées, près de la dernière plantée, et fait prendre à l'aide la direction de l'ordonnée. S'il prévoit que les fiches qui restent à l'aide ne suffiront pas, il les prend toutes et les remet à l'aide, après avoir eu le soin de remplacer par un jalon la dernière plantée, et d'inscrire sur son cahier le nombre de fiches qu'il emprunte à la grande ligne, pour reprendre ce même nombre lorsque l'ordonnée sera mesurée.

Nota. Pour les opérations sur le terrain, voir N°s 82, 83 et planche 5.

ÉQUERRE D'ARPENTEUR.

DESCRIPTION.

43. — L'*Équerre d'arpenteur* est un instrument en cuivre, de la forme d'un prisme octogonal régulier, creux à l'intérieur.

44. — Chacune des 8 faces latérales est partagée en 2 parties égales par une ouverture verticale. Quatre de ces ouvertures sont étroites dans toute la hauteur; elles sont placées sur les faces non adjacentes, c'est-à-dire de deux en deux. Les quatre autres sont étroites dans une moitié de la hauteur, et larges dans l'autre moitié.

45. — Les ouvertures se nomment :
Pinnules, lorsqu'elles sont étroites ;
Fenêtres, lorsqu'elles sont larges.

46. — Chaque fenêtre est partagée dans toute sa hauteur par un fil qui sert à diriger le rayon visuel.

47. — Les ouvertures moitié fenêtre et moitié pinnule sont disposées de telle sorte que la fenêtre d'une face correspond à la pinnule de la face opposée, c'est-à-dire que si la fenêtre de la première est en bas, celle de la deuxième est en haut.

48. — Le rayon visuel dirigé par la pinnule d'une face, et par le fil de la fenêtre opposée, soit AB, s'étend en ligne droite; comme aussi le rayon visuel dirigé par les ouvertures des deux faces non adjacentes aux deux premières, soit CD, coupe le premier à angle droit. Il suit de là qu'un jalon placé dans la première direction est dans l'alignement du premier rayon visuel ; qu'un autre jalon placé dans la deuxième direction est situé sur un alignement perpendiculaire au premier.

49. — A la partie inférieure de l'équerre est une *douille* qui reçoit l'extrémité supérieure d'un bâton d'environ 1m 50 de haut. Ce bâton, que l'on nomme *pied d'équerre*, est ferré à sa partie inférieure, qui se plante en terre.

Il existe plusieurs autres genres d'équerres ; celle que nous venons de décrire prend souvent la forme d'un cylindre ; les autres, telles que l'équerre de *Lacroix*, l'équerre de *réflexion*, etc., sont d'un usage moins fréquent.

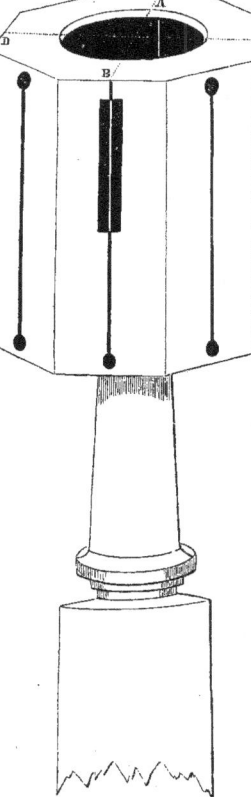

USAGES.

50. — L'équerre d'arpenteur sert :
1° A mener des alignements dont on ne découvre les extrémités que d'un point intermédiaire;
2° A mener des perpendiculaires, que l'on nomme *ordonnées*, à des alignements qui se nomment alors *directrices*.

Pour mener un alignement à l'Équerre :

51. — 1° Après avoir fait planter un jalon à chaque extrémité, placez-vous à l'endroit d'où vous les découvrez toutes deux ;
2° Enfoncez le pied d'équerre en un point que vous supposez sur l'alignement ; faites alors mouvoir l'équerre sur son pied, tout en regardant par une pinnule, jusqu'à ce que le fil de la fenêtre opposée coupe l'un des jalons ;
3° Sans déranger l'équerre, regardez par la pinnule de la face opposée si le deuxième jalon est dans la même condition. S'il n'en est pas ainsi, votre pied d'équerre n'est pas sur l'alignement, et vous devez le changer de place en vous rapprochant du côté où vous apparaît le dernier jalon. Réitérez cette épreuve jusqu'à ce que les deux jalons soient sur l'alignement du même rayon visuel ;
4° Dirigez le jalonnement de chaque côté, en regardant par les ouvertures de l'équerre.

Pour mener une perpendiculaire :

52. — Premier cas. *Le point par lequel elle doit passer étant donné sur la directrice.* Plantez le pied d'équerre au point donné; dirigez deux des ouvertures dans le sens de la directrice, et faites jalonner l'ordonnée qui se trouve dans la direction des deux ouvertures non adjacentes aux premières. Remplacez le pied d'équerre par un jalon.

53. — Deuxième cas. *Le point étant donné hors de la directrice.* Marchez dans la direction de l'ordonnée et changez l'équerre de place jusqu'à ce qu'elle soit en un point analogue à celui du premier cas, etc.

VÉRIFICATION DE L'ÉQUERRE D'ARPENTEUR.

54. — Lorsque l'on se sert pour la première fois d'une équerre, il est indispensable de la vérifier, cet instrument exigeant, ainsi que tous les instruments de mathématiques, une précision rigoureuse. Après avoir dirigé deux ouvertures dans le sens d'un alignement, puis avoir fait placer un jalon dans la direction des deux ouvertures non adjacentes aux premières, faites décrire un demi-tour à l'équerre, sans déranger son pied ; la direction de l'alignement étant prise avec deux des ouvertures, le jalon doit se trouver dans la direction des deux autres ouvertures.

Nota. Pour les opérations sur le terrain, voir Nos 84 à 87 et planche 6.

GRAPHOMÈTRE.

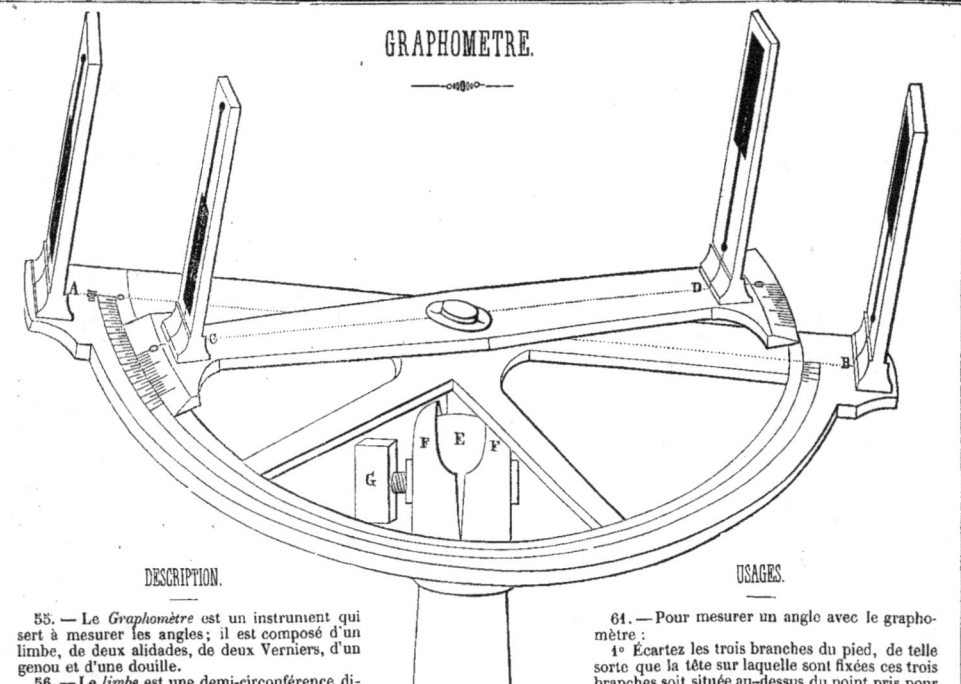

DESCRIPTION.

55. — Le *Graphomètre* est un instrument qui sert à mesurer les angles; il est composé d'un limbe, de deux alidades, de deux Verniers, d'un genou et d'une douille.

56. — Le *limbe* est une demi-circonférence divisée en 180 degrés; chaque degré est lui-même divisé en deux demi-degrés. Les divisions commencent et finissent au diamètre AB, dont chaque extrémité est cotée 0 et 180, la numération du limbe étant marquée deux fois, une dans chaque sens. Lorsque le limbe est une circonférence entière, l'instrument prend le nom de *cercle répétiteur*.

57. — Une *alidade* est une règle munie à chaque extrémité d'un montant perpendiculaire; chaque montant est partagé dans toute sa hauteur par une ouverture moitié fenêtre et moitié pinnule. Dans le graphomètre, une des alidades fait partie du limbe; elle prend le nom d'*alidade fixe*: ses ouvertures sont perpendiculaires aux extrémités du diamètre AB. La seconde alidade, qui se meut sur le limbe, au centre duquel elle est fixée par une vis, se nomme *alidade mobile*; la ligne CD, aux extrémités de laquelle les ouvertures de cette alidade sont perpendiculaires, passe par le centre du limbe.

58. — Les deux *Verniers* sont situés aux extrémités de l'alidade mobile; ce sont deux arcs de cercle portant chacun quinze divisions, dont le point de départ 0 est situé sur le prolongement de CD. Les quinze divisions d'un Vernier correspondent à quatorze du limbe; elles sont donc d'un quinzième plus petites. Or, les divisions du limbe étant chacune d'un demi-degré, ou 30 minutes, celles du Vernier ne sont par conséquent que de 28 minutes.

59. — Le *genou* est fixé sous le centre du limbe; il est composé : 1° d'une tige terminée en forme de sphère E; 2° de deux mâchoires FF, entre lesquelles cette sphère est engagée; 3° d'une vis G qui écarte ou rapproche les deux mâchoires.

60. — La *douille* est le prolongement du genou; elle reçoit l'extrémité supérieure d'un pied à trois branches, sur lequel elle est rendue fixe au moyen de la vis H.

USAGES.

61. — Pour mesurer un angle avec le graphomètre :

1° Écartez les trois branches du pied, de telle sorte que la tête sur laquelle sont fixées ces trois branches soit située au-dessus du point pris pour sommet de l'angle;

2° Placez le graphomètre sur le pied, serrez la vis H pour fixer la douille, et desserrez la vis G pour rendre le limbe mobile;

3° Dirigez l'alidade *fixe* dans l'alignement d'un des côtés de l'angle, puis serrez la vis G pour fixer le limbe;

4° Dirigez l'alidade *mobile* dans l'alignement du second côté;

5° Les alidades étant ainsi dans la direction des deux alignements, comptez le nombre de degrés du limbe compris entre son diamètre et la division 0 du Vernier. Si cette dernière correspond exactement à l'une des divisions du limbe, l'angle comprend un nombre exact de degrés; si la coïncidence n'a lieu qu'à une des divisions suivantes du Vernier, l'angle a pour mesure : 1° le nombre de degrés marqué par la division du limbe qui précède la division 0 du Vernier; 2° autant de fois 2 minutes qu'il y a de divisions du Vernier depuis le 0 jusqu'à celle qui coïncide avec une des divisions du limbe.

VÉRIFICATION DU GRAPHOMÈTRE.

62. — Pour vérifier l'exactitude d'un graphomètre : après avoir mesuré un angle, desserrez la vis G; faites décrire un demi-tour au limbe, et, dans cette nouvelle position, mesurez de nouveau l'angle, qui, si le graphomètre est juste, aura la même mesure que dans la première opération.

Nota. Pour les opérations sur le terrain, voir N°⁵ 88 à 91 et planches 7 et 8.

PLANCHETTE. — ALIDADE.

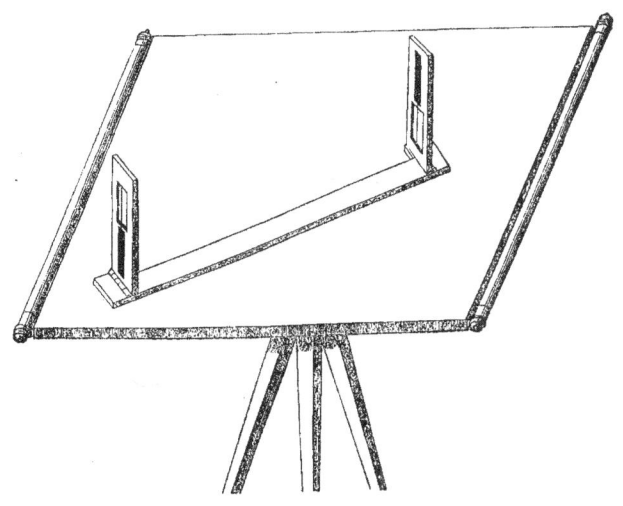

DESCRIPTION.

63. — La *planchette* est composée d'une *planche à dessiner* et d'un *genou*. La situation des différents points d'un terrain est obtenue sur la planchette au moyen d'une *alidade,* qui en est entièrement séparée.

64. — La planche à dessiner doit avoir 0^{m}70 de long sur 0^{m}60 de large. Avant d'opérer sur le terrain, on colle sur cette planche une feuille de papier destinée à recevoir les lignes d'opération.

65. — Pour éviter le collage, comme aussi pour avoir une longueur de papier plus grande que la planche à dessiner, la planchette est assez souvent munie à ses extrémités de *deux rouleaux*, sur lesquels on enroule le papier. Ces rouleaux sont terminés par des vis au moyen desquelles on les rend immobiles lorsque le papier est bien tendu.

66. — Le genou, placé au centre de la face inférieure de la planche à dessiner, est, ainsi que celui du graphomètre, terminé par une douille qui reçoit l'extrémité supérieure d'un pied à trois branches. Ses usages sont aussi les mêmes, c'est-à-dire qu'au moyen de la vis G (pl. 6), qui écarte ou rapproche les mâchoires, on tourne la planche dans la direction voulue, et on lui donne l'inclinaison nécessaire pour apercevoir à la fois tous les points que l'on veut relever. Il faut cependant, autant que possible, lui donner une position horizontale.

67. — L'*alidade* dont on se sert pour prendre les directions est une règle en cuivre, longue d'environ 0^{m}50, et dont les montants sont élevés d'au moins 0^{m}20, afin que, sans déranger la planchette, le rayon visuel puisse atteindre les points du terrain qui sont plus élevés ou plus bas que le plan dans lequel est située la face supérieure de la planchette. Les *pinnules* de cette alidade sont perpendiculaires aux extrémités de l'un des côtés de la règle; les deux montants sont assemblés à la règle avec des charnières, qui permettent de les baisser lorsque les opérations sont terminées, pour rendre l'alidade moins embarrassante. Une échelle de proportion est ordinairement tracée sur la règle.

68. — Pour l'emploi de la planchette et de l'alidade, consulter la planche 9.

Nota. Pour les opérations sur le terrain, voir N°s 92, 93 et planche 9.

BOUSSOLE D'ARPENTEUR.

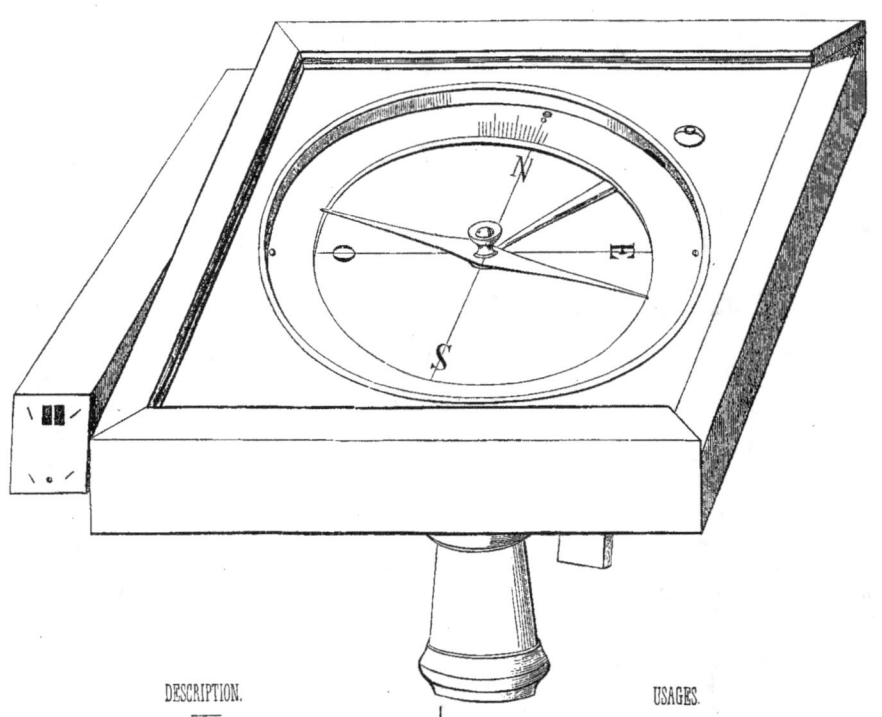

DESCRIPTION.

69. La *boussole* dont on se sert pour lever les plans est composée : d'une *aiguille aimantée*, d'un *limbe*, d'une *alidade* et d'un *genou*.

70. — L'*aiguille aimantée* prend des directions parallèles entre elles, lorsque les lieux d'observation ne sont pas trop éloignés entre eux. Cette direction constante de l'aiguille aimantée vers un même point de l'horizon est appelée *méridien magnétique*, pour la distinguer du *méridien terrestre*, ligne imaginaire qui, menée de tout point d'observation, passerait par les deux pôles de la terre. — L'angle formé par la rencontre de ces deux méridiens en un point d'observation se nomme *déclinaison de la boussole*. Cet angle est, pour la France, de 22 degrés environ à l'ouest du pôle nord. La direction ordinaire de l'aiguille aimantée est contrariée par les temps d'orage, et surtout par la proximité du fer.

71. — Le *limbe* est un cercle divisé en 360 degrés, au centre duquel est situé le pivot qui supporte l'aiguille. Le point 0 de départ de sa numération est situé à l'extrémité nord d'un diamètre qui représente le méridien terrestre.

72. — L'*alidade* de la boussole est formée par un parallélipipède, creux à l'intérieur, dont chaque extrémité est percée d'une *fenêtre* et d'un petit *trou circulaire*; ces ouvertures se correspondent en sens inverse. L'alidade est fixée par son milieu au côté ouest de la boîte qui renferme la boussole, et parallèlement à son méridien terrestre, au moyen d'une vis qui laisse la faculté de la mouvoir de haut en bas.

73. — Le *genou* de la boussole a la même forme et les mêmes usages que celui du graphomètre.

USAGES.

74. — Pour orienter un plan, c'est-à-dire pour déterminer ses quatre points cardinaux :

1° Dirigez l'alidade dans le sens d'un des alignements; 2° comptez le nombre de degrés compris entre le 0 du limbe et le 22ᵉ degré à droite de la pointe violette, en regardant du centre du cercle. Vous obtenez ainsi l'angle formé par l'alignement que représente ici le méridien terrestre de la boussole, et par le méridien terrestre dont le nord est déterminé par le 22ᵉ degré, à droite de la pointe violette.

75 — Pour mesurer un angle avec la Boussole.

1° Placez la boussole au sommet de cet angle; dirigez l'alidade dans l'alignement de l'un des côtés, et comptez les degrés compris entre la pointe violette et le 0 du limbe; dirigez l'alidade dans le sens de l'autre alignement, et comptez de même les degrés. — Si dans les deux cas la pointe violette se trouve du même côté du 0 du limbe, l'angle a pour mesure la *différence* des deux nombres de degrés comptés; si, au contraire, elle est d'abord d'un côté du 0, puis ensuite de l'autre, c'est la *somme* des deux nombres de degrés comptés qui détermine la valeur de l'angle.

NOTA. — Il faut avoir soin, dans une même opération, de regarder toujours par la même extrémité de l'alidade.

76. — La boussole est loin de présenter des résultats aussi exacts que le graphomètre ou la planchette; mais on est souvent forcé de s'en servir, notamment dans les opérations forestières et dans les exploitations souterraines. Elle est indispensable pour la direction des navires.

Nota. Pour les opérations sur le terrain, voir N° 94 et planche 10.

NIVEAUX.

NIVEAU D'EQUERRE.

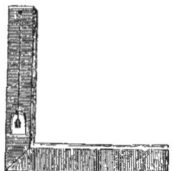

NIVEAU DE MAÇON.

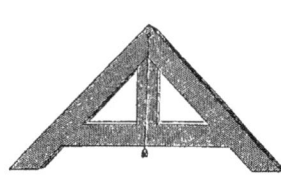

77. — Ces deux niveaux sont d'un usage tellement répandu, qu'il est inutile d'en faire ici la description. — Leur emploi ne présente aucune difficulté ; il suffit de savoir que le fil-à-plomb, dont chacun d'eux est muni, doit prendre la direction indiquée sur les figures, lorsque l'objet sur lequel on pose l'un de ces niveaux est horizontal.

Cette direction du fil-à-plomb est marquée sur chacun de ces instruments par un petit trait.

NIVEAU A BULLE D'AIR

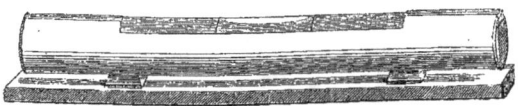

78. Ce niveau consiste en un tube de verre rempli de liquide, à l'exception d'une bulle d'air. Ce tube est renfermé dans un petit cylindre en cuivre, ouvert à sa partie supérieure sur les deux tiers environ de sa longueur, et fixé sur une petite règle en cuivre à laquelle il est rigoureusement parallèle.

79. — La bulle d'air se rendant toujours du côté le plus élevé, elle s'arrête au milieu du niveau lorsque l'objet sur lequel il est placé est bien horizontal. — Lorsque l'on veut donner une position horizontale à l'une des alidades du graphomètre (pl. 13, fig. 23), il suffit de placer le niveau à bulle d'air sur les côtés des deux montants de cette alidade, que l'on change de position, jusqu'à ce que la bulle d'air se trouve au milieu du niveau.

80. La vérification de ce niveau s'opère en le retournant : il en est de même pour les deux premiers

NIVEAU D'EAU.

A 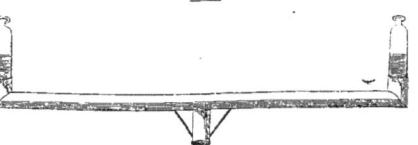 B

81. — Le niveau d'eau est composé d'un tuyau de fer-blanc coudé aux extrémités, qui reçoivent chacune un tube en verre resserré à sa partie supérieure. Par l'un de ces tubes on verse de l'eau jusqu'à ce qu'elle monte à peu près à moitié de chacun des tubes. Au milieu est une douille qui reçoit l'extrémité supérieure d'un pied. Il est évident que l'eau s'élève à la même hauteur dans les deux tubes, et que, par conséquent, tous les objets situés dans l'alignement A B sont dans un même plan horizontal.

Nota. Pour les opérations sur le terrain, voir N°ˢ 102 à 106 et planche 14.

OPÉRATIONS SUR LE TERRAIN.

Nota. Les alignements à mener sur le terrain sont représentés sur les planches par des lignes ponctuées. — Par abréviation, le mot angle est employé pour désigner le sommet.

LEVER D'UN PLAN A LA CHAINE (Planche 5).

(Pour mener les alignements et les chaîner, voir numéros de 32 à 42.)

82. — 1er cas. *Les angles du périmètre étant visibles de l'un d'entre eux*, A; — 2e cas. *Les angles du périmètre étant visibles d'un point intérieur O, et la distance qui les en sépare pouvant être chaînée :*

1° Du point A ou O, mener un alignement à chaque angle du périmètre du terrain qui se trouve ainsi décomposé en triangles; — 2° chaîner les trois côtés de l'un de ces triangles et le construire sur le papier d'après l'échelle adoptée; — 3° opérer de même pour chacun des autres triangles, en suivant leur ordre d'adjacence.

83. — Si l'un des angles est invisible du point de départ des alignements, ou si l'on ne peut chaîner la distance qui l'en sépare :

1° Chaîner les alignements qui aboutissent aux extrémités des côtés de l'angle invisible et chaîner la distance entre ces deux extrémités; — 2° tracer le triangle formé par cette distance et ces deux alignements; — 3° chaîner les deux côtés de l'angle invisible et construire un nouveau triangle, avec ces deux côtés, et la ligne qui représente la distance entre leurs extrémités.

LEVER D'UN PLAN A L'ÉQUERRE (Planche 6).

(Pour l'emploi de l'équerre, consulter les numéros de 43 à 54.)

84. — 1° Mener un alignement principal, nommé *directrice*, soit dans la direction la plus étendue et la plus facile à chaîner, soit dans celle qui est la plus favorable pour mener et chaîner les alignements secondaires appelés *ordonnées*; — 2° chaîner la directrice à partir d'une extrémité, et coter sur le papier la distance de ce point de départ au point de rencontre de la directrice avec chaque ordonnée; — 3° arrivés à l'autre extrémité, revenir en chaînant les ordonnées à mesure qu'on les rencontre.

85. — Lorsque les ordonnées ont peu d'étendue, on peut les chaîner en allant à mesure qu'on les rencontre (pour la manière de procéder dans ce cas, consulter le n° 42).

86. — Pour déterminer la position d'un point, on est souvent forcé d'avoir recours à un ensemble d'ordonnées, dont la 1re est perpendiculaire à la directrice; la 2e, perpendiculaire à la 1re, et par suite, parallèle à la directrice; la 3e, perpendiculaire à la 2e et à la directrice, etc. L'on chaîne et reporte sur papier ces ordonnées au fur et à mesure.

87. — *Si une ordonnée n'est pas parallèle à la directrice :*

1° Mener une parallèle à la directrice, au moyen d'une ordonnée perpendiculaire que l'on mesure; 2° à partir de cette perpendiculaire, chaîner la directrice et sa parallèle jusqu'aux points de rencontre de ces deux lignes avec l'ordonnée oblique.

LEVER D'UN PLAN AU GRAPHOMÈTRE (Planches 7 et 8).

(Pour les usages du graphomètre, consulter les numéros de 55 à 62.)

88. — 1er cas. *Les angles du périmètre étant visibles d'un point intérieur O (Planche 7), et la distance qui les en sépare pouvant être chaînée :*

1° Placer le graphomètre au point O, et de ce point mener un alignement à chaque angle; — 2° diriger l'alidade fixe dans le sens de l'un des alignements, soit OA; serrer les vis de la douille et du genou; — 3° diriger l'alidade mobile successivement vers chacun des autres points B, C, etc., et tracer chaque fois sur le papier un angle égal à celui compris entre les alidades; tous ces angles ont le sommet O et le côté OA commun; — 4° chaîner chaque alignement et porter sa longueur, d'après l'échelle adoptée, sur la ligne qui le représente sur le papier.

89. — Si l'un des angles du périmètre, soit D, est invisible du point O, ou si l'on ne peut mesurer la distance qui l'en sépare :

1° Chaîner OA, OE, et porter leur longueur sur le papier; — 2° chaîner AD, DE, et les reporter sur le papier, en ayant soin d'observer si l'angle qu'elles forment est saillant ou rentrant.

90. — 2e cas. *Le terrain ne pouvant être parcouru, non plus que son périmètre, soit une île* (planche 7) :

1° Mener un alignement de telle sorte que de deux de ses points H, I, l'on découvre tous les angles ou points importants du périmètre; — 2° placer le graphomètre en H, diriger l'alidade fixe vers I, serrer les vis, puis diriger l'alidade mobile successivement vers chaque point désigné du périmètre; — 3° tracer au fur et à mesure, sur le papier, des angles égaux à ceux qui comprennent les alidades, ces angles ayant le sommet H et le côté HI commun; — 4° chaîner HI et porter sa longueur sur le papier; — 5° transporter le graphomètre en I, diriger l'alidade fixe sur H, puis mesurer et tracer tous les angles comme on a fait au point H.

L'intersection de deux côtés d'angles, l'un en H, l'autre en I, dirigés vers un même point, détermine sur le papier la position de ce point.

91. — 3e cas. *Le périmètre pouvant être parcouru seul* (Planche 8):

1° Mener le long de chaque côté du périmètre un alignement qui lui soit parallèle; — 2° chaîner chacun de ces alignements et mesurer les angles formés par leurs intersections; — 3° tracer sur le papier des lignes et des angles égaux aux alignements et aux angles mesurés sur le terrain.

On reconnaît l'exactitude de cette opération en faisant la somme de tous les angles; elle doit être d'autant de fois 2 angles droits que le périmètre a de côtés moins deux.

LEVER D'UN PLAN A LA PLANCHETTE (Planche 9).

(Pour les usages de la planchette, consulter les numéros de 63 à 68.)

92. — 1° Mener un alignement, de deux points A, B duquel on découvre tous les objets dont on veut déterminer la situation; — 2° placer la planchette en A, l'un de ses bords étant parallèle à l'alignement AB; — 3° enfoncer une aiguille dans la planchette au-dessus du point A; — 4° appuyer à cette aiguille le bord de l'alidade qui correspond aux pinnules, la diriger vers le point B, et tracer une ligne sur le papier, le long de l'alidade; — 5° diriger l'alidade successivement vers chaque point A, en ayant soin de prendre note de l'objet vers lequel elle est dirigée. — Le reste comme avec le graphomètre, voir n° 90.

Nota. Dans le dessin de la planche 9, il était indispensable de donner à la planchette des proportions démesurées, afin de faire comprendre les opérations.

93. — Dans la pratique, le lever d'un plan à la planchette est beaucoup plus prompt qu'au graphomètre, puisque le tracé est obtenu par les opérations sur le terrain; mais sa précision est loin d'égaler celle du graphomètre.

LEVER D'UN PLAN A LA BOUSSOLE (Planche 10).

(Pour l'emploi de la boussole, consulter les numéros de 69 à 76.)

94. — 1° Mener les alignements AB, BC, CD, DE, EA, parallèles aux côtés du périmètre, et planter des jalons à chaque point d'intersection A, B, C, D, E; — 2° remplacer le jalon A par la boussole, mettre l'aiguille sur le point B, compter les grades compris entre la pointe aimantée et le 0 du limbe, et tracer sur le papier un angle égal, dont un côté représente l'alignement AB et l'autre la direction nord indiquée par l'aiguille; — 3° diriger l'alidade vers le point E, compter de même les grades, et du sommet de l'angle déjà tracé, une ligne formant, avec la direction nord de cet angle, un nouvel angle égal au dernier compté sur la boussole; cette ligne représente l'alignement AE; — 4° remettre le jalon A, chaîner l'alignement AB, porter sa longueur sur la ligne qui le représente, remplacer le jalon B par la boussole, diriger l'alidade vers le point A, puis vers le point C, ainsi que l'on a fait au point A pour les points E, B, etc.

Nota. Pour distinguer la ligne qui représente la direction nord, on peut la tracer en forme de flèche.

MÉTRÉ D'UN INTÉRIEUR (Planches 11 et 12).

95. — 1° Mesurer une ligne AB qui parcoure la plus grande longueur possible, en cotant avec soin les mesures de distribution générale; — 2° mesurer les quatre côtés et une diagonale de chaque compartiment; coter les mesures de largeur des baies, d'épaisseur des murs, d'évidement ou de saillie des foyers; — 3° indiquer sur le croquis le genre et la dimension des dalles, carreaux, parquets de chaque pièce.

CUBAGE (Planche 13).

(Pour la mesure des solides réguliers, consulter la 4ᵉ partie du Cours élémentaire.)

96. — TRANCHÉES OU DÉBLAIS. Pour apprécier la quantité de terre enlevée d'une tranchée, les terrassiers laissent, de distance en distance, des buttes de terre nommées témoins (A, B, C, Fig. 1) qui désignent la profondeur de la fouille; — l'on fait ensuite le profil de la tranchée à chaque témoin (Fig. 2), en mesurant sa largeur en bas et en haut; enfin, on mesure la distance des témoins entre eux.

97. — Ainsi *pour connaître le nombre de mètres cubes de terre enlevés dans la tranchée* (Fig. 1):
1° Prendre la moyenne entre la largeur inférieure et la largeur supérieure de chaque profil; — 2° multiplier cette moyenne par la hauteur du témoin, ce qui donne la surface du profil; — 3° faire la somme des surfaces de deux profils consécutifs, multiplier cette somme par la distance entre les centres des deux témoins, et prendre la moitié de ce produit.

La quantité de terre enlevée entre les témoins A, B, serait donc:

$$(mm \times aa) + (nn \times bb) \times \frac{AB}{2}.$$

98. — CHAUSSÉES OU REMBLAIS. Pour connaître le nombre de mètres cubes rapportés pour élever une chaussée (Fig. 3), il faut aussi de distance en distance faire la surface d'un profil, etc., comme pour les tranchées. Mais ici comme l'on n'a pas de témoins pour mesurer la hauteur, et que de plus on ne peut mesurer directement la largeur inférieure, on prend d'abord la largeur supérieure; puis, à l'aide d'une règle portant un fil à plomb à son extrémité, on cherche la différence entre les deux largeurs, et l'on obtient en même temps la hauteur par la longueur du fil que l'on laisse couler jusqu'à ce qu'il touche terre au pied du talus.

99. — CAILLOUX, SABLE (Fig. 6).
1° Mesurer la largeur et la longueur, à mi-hauteur; — 2° faire le produit de ces dimensions et le multiplier par la hauteur du tas.

100. — CUVE (Fig. 4).
1° Mesurer le diamètre intérieurement à mi-hauteur, et en prendre la moitié; élever cette moitié au carré; — 2° multiplier ce carré par 3,1416 et ce dernier produit par la profondeur de la cuve.

101. — TONNEAU (Fig. 5).
1° Mesurer le plus grand diamètre par la bonde et le plus petit au-dessus du fond; — 2° additionner ces deux diamètres, prendre le quart de la somme et multiplier ce quart par lui-même; — 3° multiplier ce carré par 3,1416 puis ce produit par la hauteur du tonneau.

NIVELLEMENTS (Planche 14).

(Pour les différentes sortes de niveaux, voir numéros de 77 à 81.)

102. — *Etant donné un terrain* (Fig. 1), *trouver, à l'aide du niveau d'eau, la différence de niveau entre les points* D, E.

1° Jalonner la ligne DE; poser le niveau dans l'alignement des deux premiers jalons A, B; — 2° se placer un pas en arrière de l'une des extrémités du niveau, dans l'alignement; diriger le rayon visuel suivant l'horizontale déterminée par la surface de l'eau dans les deux tubes; faire signe de monter ou de descendre le rayon jusqu'à ce que son centre se trouve de niveau avec l'eau; — 3° se reporter à l'autre extrémité du niveau, sans le déranger, et opérer de même sur le jalon opposé; — 4° mesurer la hauteur de chaque voyant, à partir du sol; retrancher la plus petite de la plus grande pour obtenir la différence de niveau des points D, F, et en prendre note; — 5° opérer de même entre les jalons F, E, et tenir compte de la différence de niveau obtenue précédemment, etc.

103. — *Mesurer la différence de niveau du sol aux deux extrémités d'un édifice* (Fig. 3).

1° Appliquer une règle de plusieurs mètres sur l'édifice, horizontalement à l'aide du niveau de maçon; mesurer la hauteur qui la sépare du sol au commencement de l'édifice, et marquer sa hauteur sur le mur à l'autre extrémité; — 2° reporter la règle à ce point, et la placer horizontalement; opérer de même jusqu'à ce qu'on soit arrivé à l'autre extrémité de l'édifice; — 3° mesurer la hauteur de la règle à cette extrémité; chercher la différence entre cette hauteur et la première: cette différence est celle du niveau du sol.

MESURE DES HAUTEURS (Planche 14).

Soit à mesurer la hauteur d'un peuplier (Fig. 2).

104. — *A l'aide de l'ombre:*

1° Planter un mètre bien verticalement, et mesurer la longueur de son ombre projetée sur le sol; — 2° mesurer l'ombre du peuplier; chercher combien de fois cette mesure contient celle de l'ombre du mètre en divisant l'une par l'autre.

105. — *A l'aide d'une équerre de 50 grades (45 degrés):*

1° Attacher un petit fil à plomb à l'un des angles aigus de l'équerre, afin de s'assurer que l'un des côtés de son angle droit est vertical et que l'autre est horizontal, ce qui est indispensable pour cette opération; — 2° placer le plus près possible de l'œil l'angle de l'équerre formé par son hypoténuse et son côté horizontal; — 3° se reculer du peuplier ou s'en rapprocher jusqu'à ce que son sommet se trouve dans l'alignement de l'hypoténuse de l'équerre; remarquer sur le tronc du peuplier la hauteur à laquelle arrive le rayon visuel dirigé suivant le côté horizontal de l'équerre; mesurer alors la distance du point où l'on a opéré jusqu'au peuplier; ajouter à cette distance la hauteur remarquée sur le peuplier par le rayon visuel horizontal: cette somme donne la hauteur du peuplier.

106. — *A l'aide du graphomètre:*

1° Placer le graphomètre à une distance égale à peu près à la hauteur du peuplier; mesurer cette distance et tracer sur le papier une horizontale ayant sa longueur d'après l'échelle adoptée; — 2° diriger l'alidade fixe horizontalement en plaçant sur ses montants un niveau à bulle d'air; — 3° diriger l'alidade mobile vers le sommet du peuplier, puis vers sa base, en comptant chaque fois le nombre de grades compris entre les deux alidades; — 4° à l'une des extrémités de l'horizontale tracée sur le papier, ouvrir deux angles, l'un en dessus, représentant l'angle obtenu par l'alidade mobile dirigée vers le sommet du peuplier, l'autre en dessous, représentant l'angle obtenu par l'alidade mobile dirigée vers la base; — 5° à l'autre extrémité de l'horizontale tracée sur le papier, lui mener une perpendiculaire dont la partie comprise entre les deux côtés extérieurs de ces angles donne, à l'échelle adoptée, la hauteur du peuplier.

INSTRUMENTS DIVERS.

107. — Il est encore un grand nombre d'instruments employés avantageusement par les géomètres; nous croyons ne devoir parler ici que sommairement de quelques-uns, leur complication sortant des limites d'un traité élémentaire, et leurs usages rentrant d'ailleurs dans ceux des instruments dont nous avons parlé.

108. — GONIOMÈTRE OU PANTOMÈTRE. Cet instrument, en forme d'équerre d'arpenteur, mais cylindrique au lieu d'octogonal, est coupé dans la moitié de sa hauteur; la partie supérieure, tournant sur l'axe du cylindre, porte une division en grades, qui permet de mesurer les angles quels qu'ils soient. Cet instrument peut donc remplacer l'équerre et le graphomètre.

109. — CERCLE RÉPÉTITEUR. Le cercle répétiteur diffère du graphomètre en ce que son limbe embrasse une circonférence entière; l'un des avantages qu'il présente est d'empêcher les alidades de se fausser; dans les opérations sur de grandes étendues, on se sert de graphomètres, ou de cercles répétiteurs dont les alidades sont remplacées par des lunettes.

110. — Dans les opérations qui exigent une grande exactitude, les instruments ont besoin d'être munis d'une *vis de rappel*, au moyen de laquelle on fait mouvoir d'une manière imperceptible les alidades du graphomètre ou le demi-cylindre supérieur du goniomètre.

111. — Enfin, pour placer bien horizontalement les graphomètres, etc., on leur adapte des *vis à caler*, au moyen desquelles leur limbe, accompagné d'un niveau à bulle d'air, est mis parfaitement horizontal; — les instruments de cette précision sont ordinairement munis d'une boussole pour l'orientation des plans.

TEINTES CONVENTIONNELLES.
(Voir planches 1, 2, 3, 4.)

112. — Les couleurs nécessaires au lavis de la topographie sont les mêmes que celles indiquées dans la première partie du cours élémentaire, savoir : *carmin*, *gomme-gutte*, *bleu de Prusse*, *vermillon*, *Sienne brûlée*, *bistre* ou *sépia*. — Leurs principaux mélanges sont :

Vert pré : bleu et gomme-gutte;
Eau de mer : plus bleu que vert pré;
Vert bois : plus jaune que vert pré;
Vases : encre de Chine et un peu de carmin ;
Terres : Sienne brûlée et encre de Chine.

113. — Les teintes jaspées se donnent à deux pinceaux, l'un imbibé d'une couleur et l'autre d'une autre. — On donne alternativement une teinte de l'un, une teinte de l'autre, mais irrégulièrement et en les effleurant mutuellement de la pointe du pinceau pour qu'elles se mélangent sur leurs bords; les principales sont :

Terrain de taillis : couleur de terre et vert pré ;
Friches : id.; retouches en vert bois;
Landes : id.; bleu pur dans les flaques d'eau;
Bruyères : vert pré et carmin ; retouches en vert bois ;
Marais : vert pré et bleu clair; retouches du bleu en teinte plus foncée.

114. — D'autres teintes sont seulement superposées, savoir :

Rivières : vert pré ; retouches horizontales en bleu clair.
Prés humides :   id.   id.
Terres humides : couleur de terre ; retouches horizontales en bleu clair.
Bois marécageux :   id.   id.
Eau de mer : vert bleu, retouches en teinte plus foncée ;
Salines :   id.   id.
Eau douce : bleu clair; retouches horizontales en teinte plus foncée.

MONTAGNES (Planches 1 et 5.)

115. — La longueur des hachures servant à représenter les reliefs du terrain, tels que collines, montagnes, etc., dépend de l'échelle adoptée et de la rapidité de la pente.

116. — D'après une échelle de 1 à 500 ($0^m,002$ pour $1^m,00$), chaque rang de hachures exprime une élévation verticale de $2^m,50$; cette élévation est de $5^m,00$ sur une échelle de 1 à 1000, et de 10 mètres sur une échelle de 1 à 10000.

117. — Pour bien disposer les hachures, on commence par les espacer entre elles d'une distance égale à leur hauteur; puis on en trace trois autres dans chacun des intervalles. — Il résulte de ces conventions que plus la pente est rapide, plus les hachures sont courtes et rapprochées.

118. — Pour les côtes ombrées ou les sinuosités, on fait les hachures plus fortes ou avec de l'encre plus foncée; ou bien encore on passe une teinte d'encre de Chine ou de sépia ; — le sommet doit toujours être plus foncé que la base; — le côté éclairé doit être très-légèrement teinté.

OMBRES.

119. — Dans les plans ordinaires tels que plans d'architecture, projections horizontales de solides, etc., la lumière est supposée située à 45 degrés ou 50 grades en avant en haut et à gauche de l'objet éclairé; l'ombre par conséquent se projette, sur le papier, au-dessus de l'objet: dans les plans topographiques elle est supposée placée derrière, de telle sorte que l'ombre se projette sur le papier, au-dessous de l'objet.

(Pour la théorie des ombres, consulter la 2ᵉ partie du degré supérieur.)

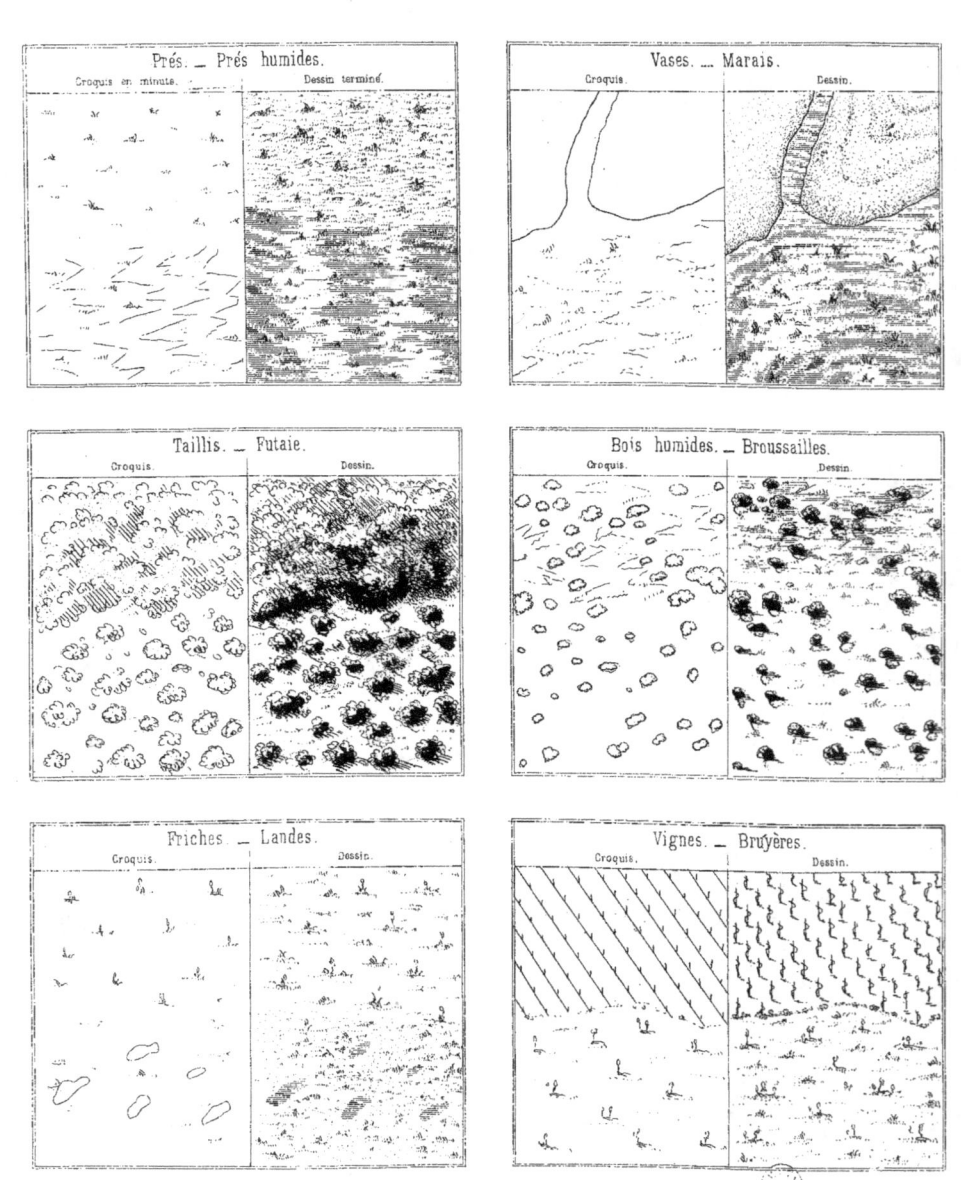

TEINTES ET SIGNES CONVENTIONNELS.

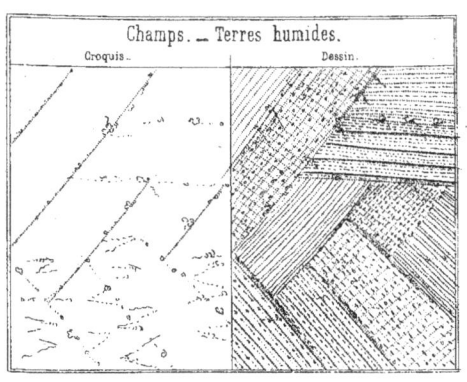
Champs. — Terres humides.

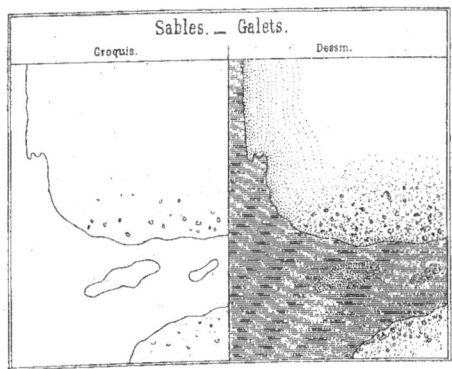
Sables. — Galets.

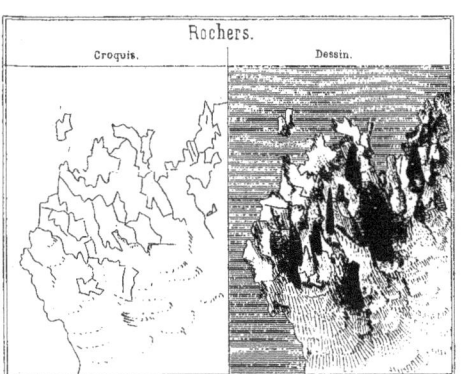
Rochers.

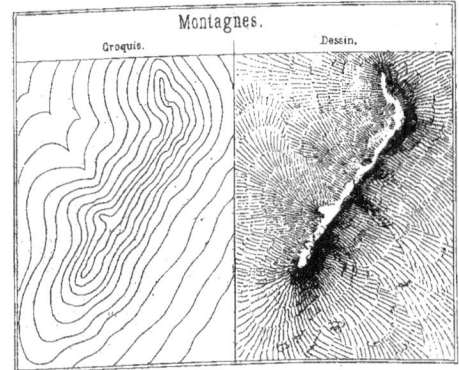
Montagnes.

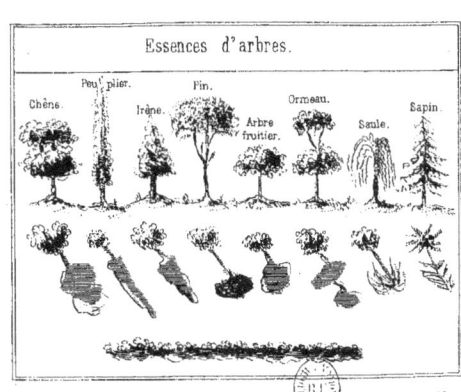
Essences d'arbres.

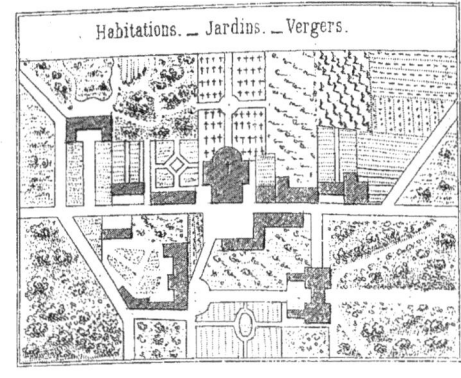
Habitations. — Jardins. — Vergers.

Echelle de 1 à 4000.

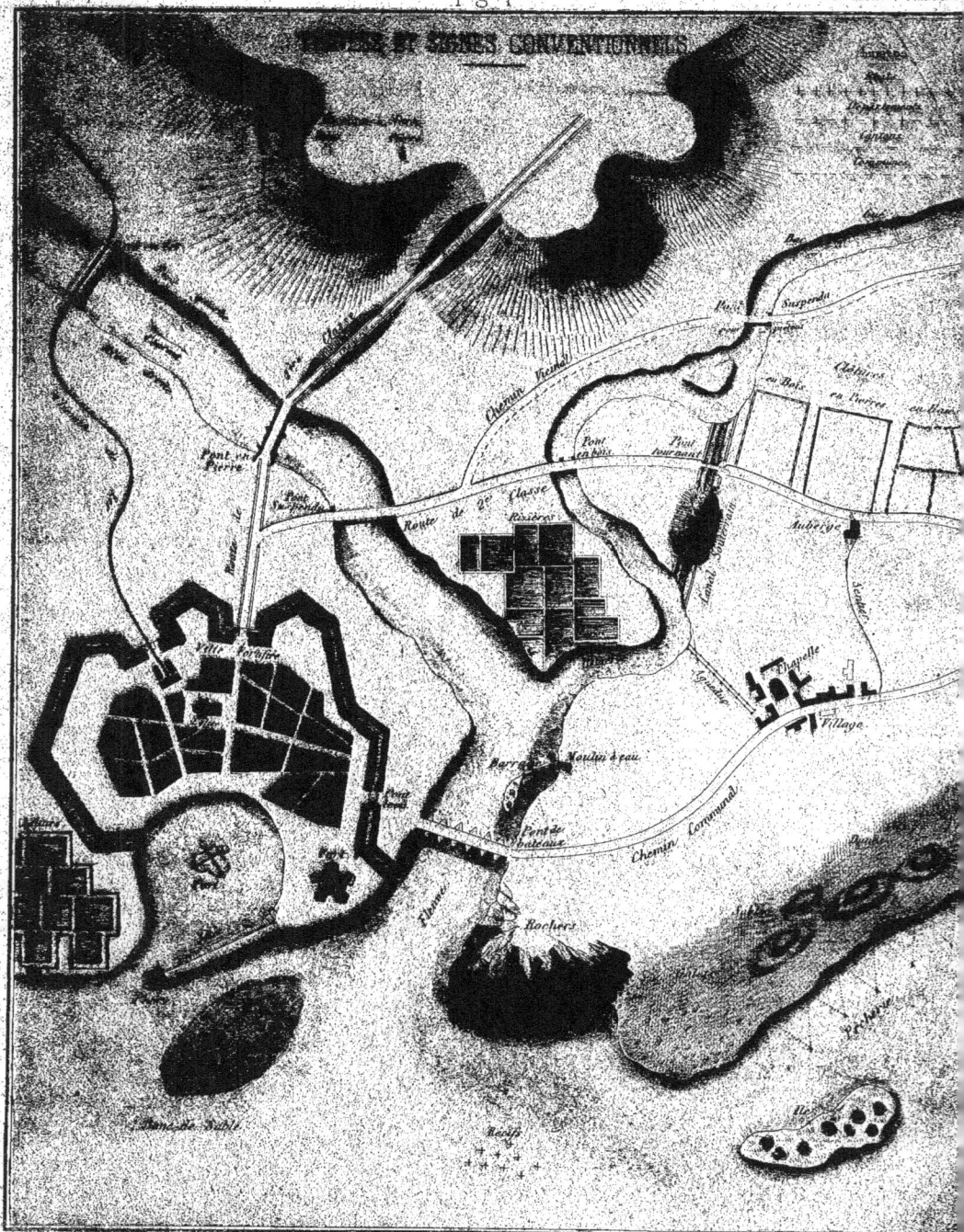

Topographie

TEINTES ET SIGNES CONVENTIONNELS

Pierres de taille.	Moellons piqués.	Murs ordinaires.	Briques.	Toits:
				Tuiles.
				Ardoises.
				Chaume.

Pavés.	Empierremens.	Enrochements.	Gravier.	Bois.

Fonte.	Fer.	Acier.	Plomb. Zinc. Etain.	Cuir.

Cuivre jaune.	Cuivre rouge.	Bronze.	Eau de mer.	Eau douce.

Méthode A. Le Béalle.

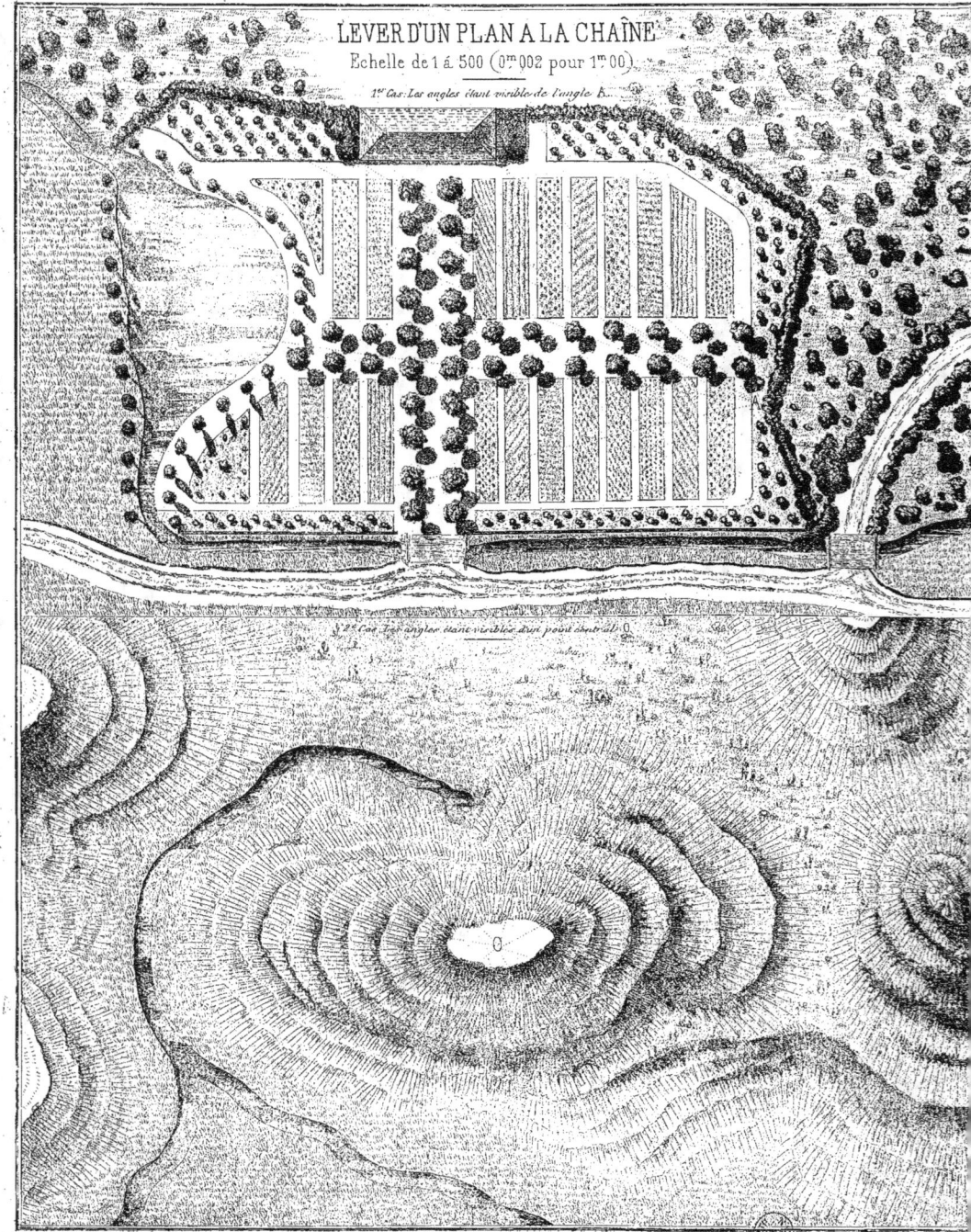

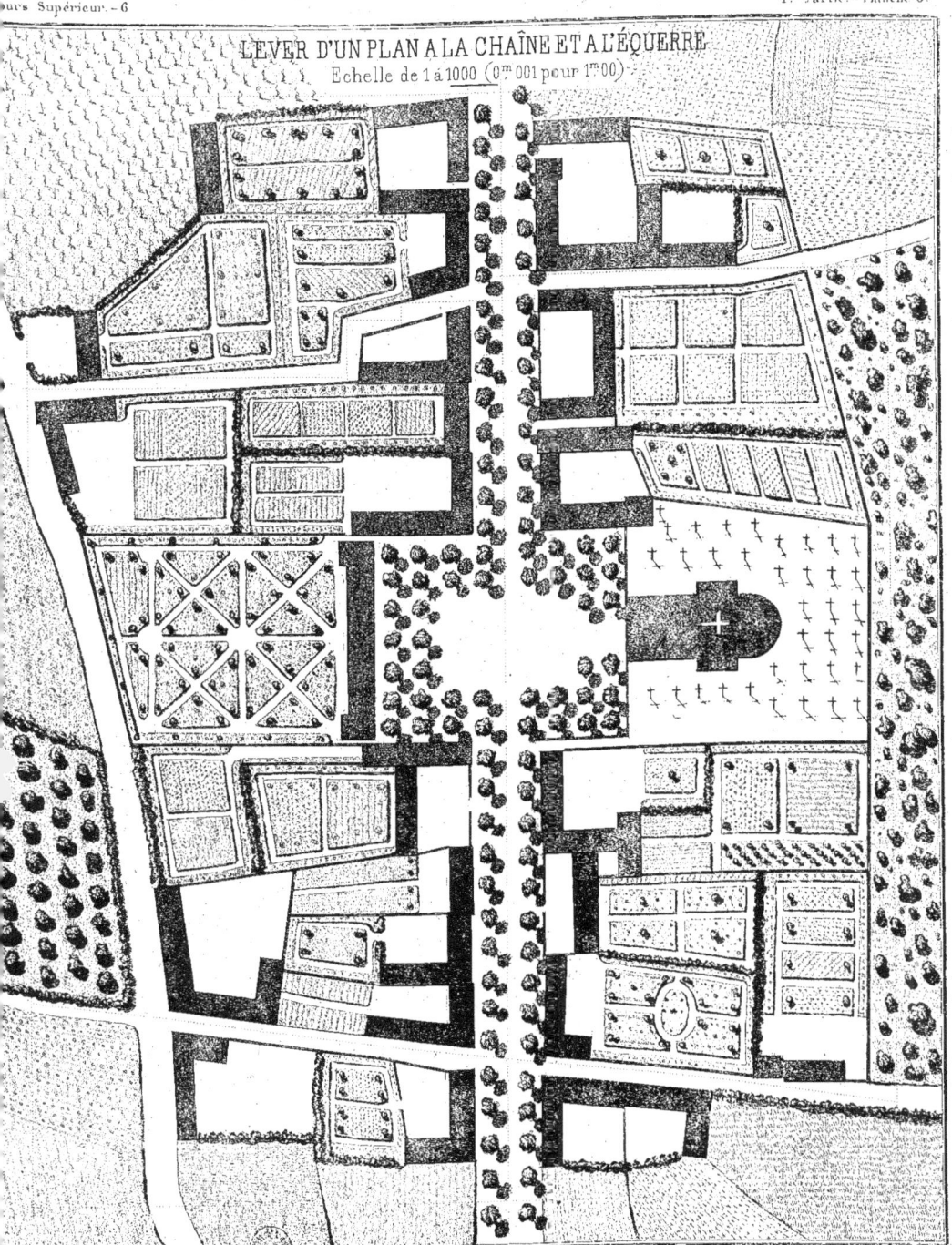

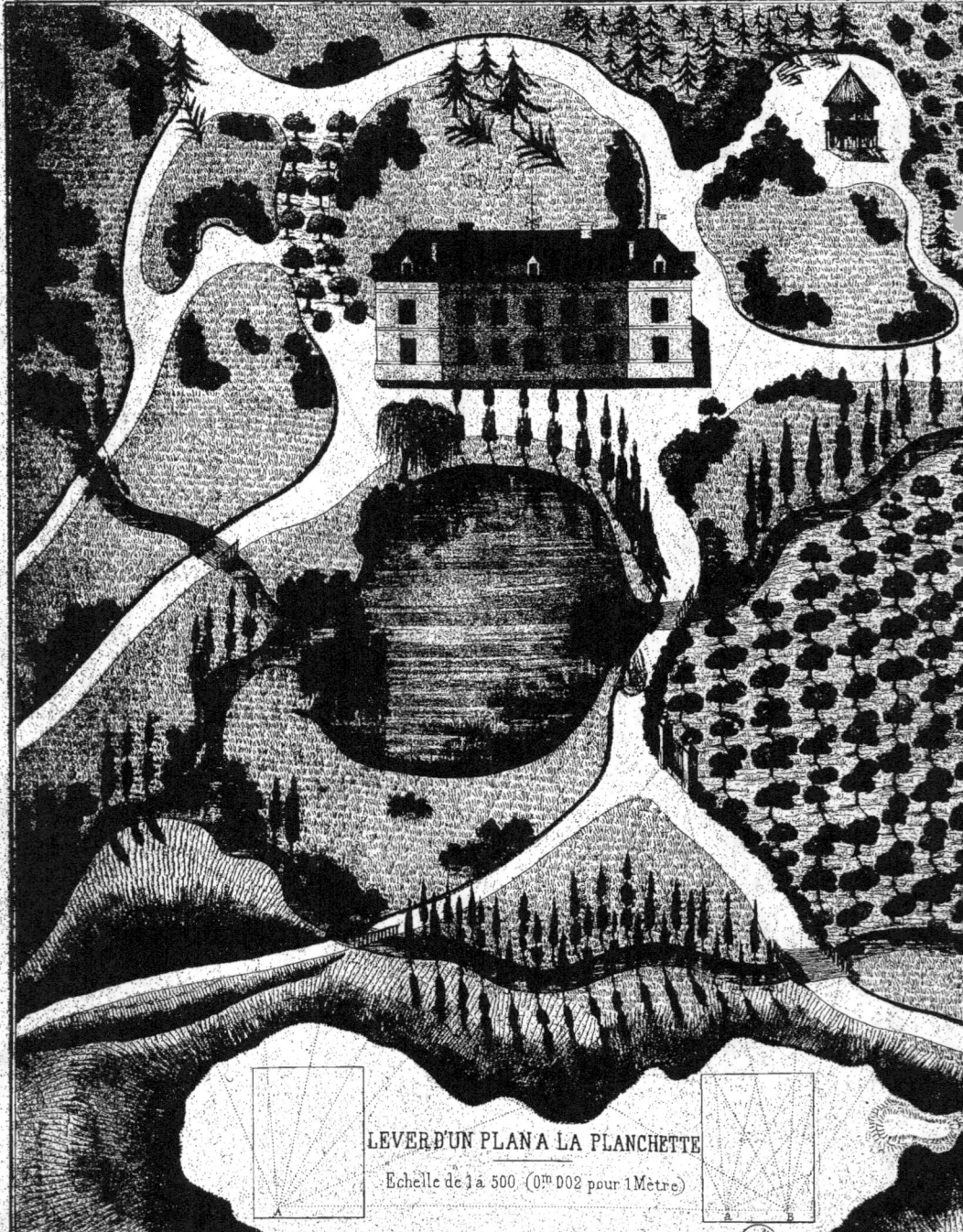

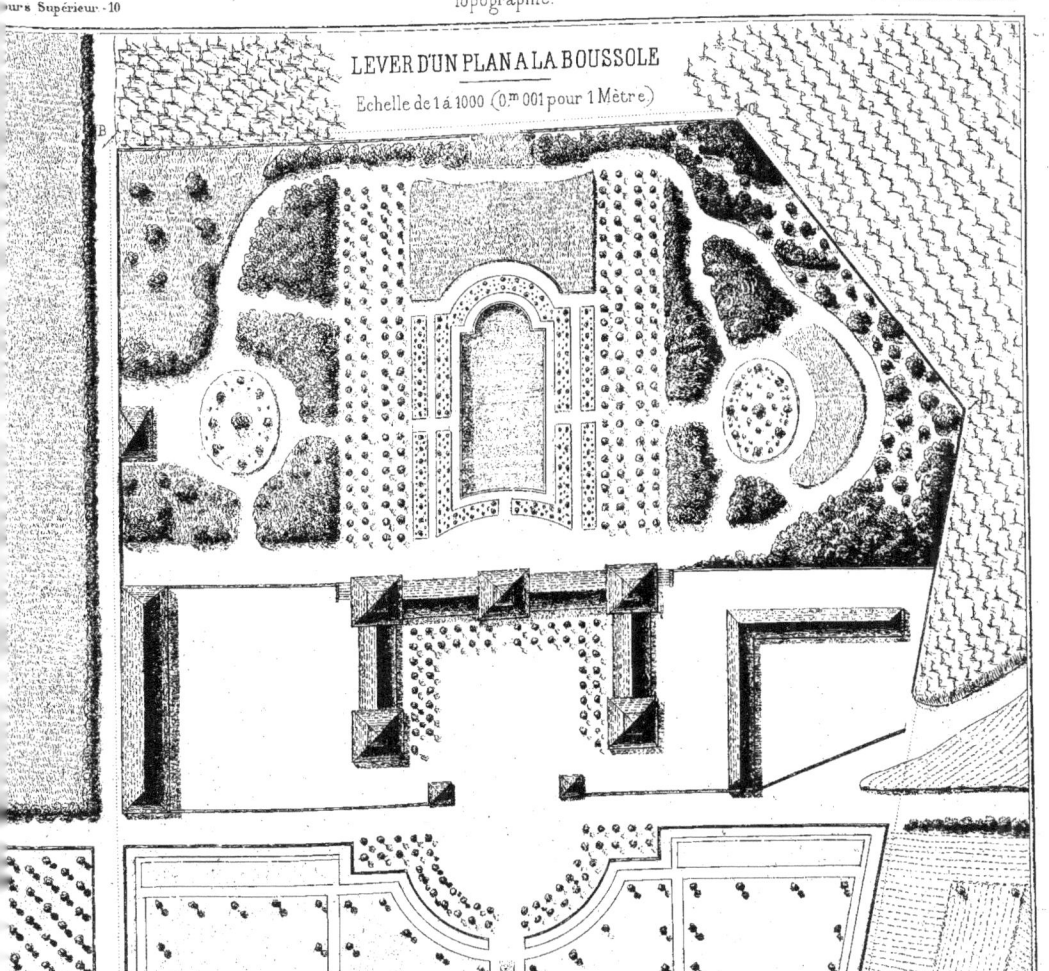

LEVER D'UN INTÉRIEUR

Croquis sur place.

Echelle de 1 à 50 (0m02 pour 1m00)

Paris, J.Delalain, Editeur.

Méthode A.LeBealle.

LEVER D'UN INTERIEUR
Dessin terminé

Méthode A.LeRéalle.

Paris, J.Delalain, Editeur.

CUBAGE

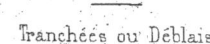
Tranchées ou Déblais
Fig. 1.

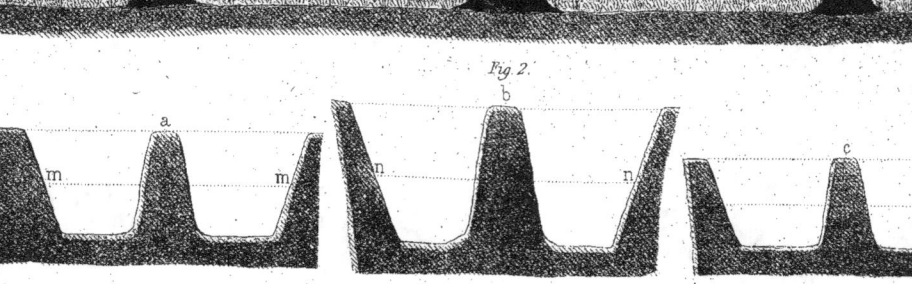
Fig. 2.

Chaussées ou Rémblais.
Fig. 3.

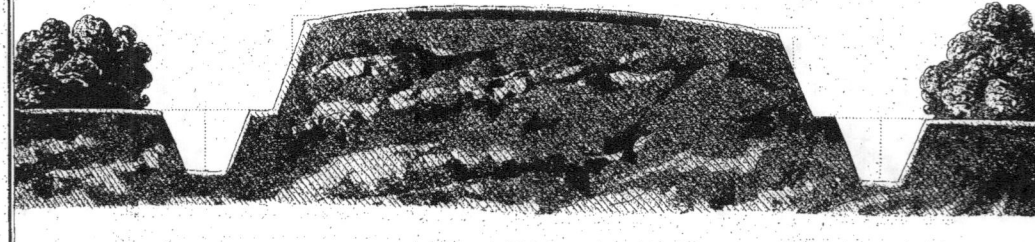

Tonneau *(Fig. 5.)*

Cuve *(Fig. 4.)*

Cailloux, Sable *(Fig. 6.)*

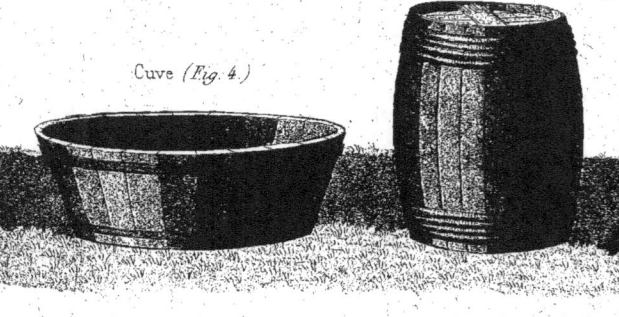

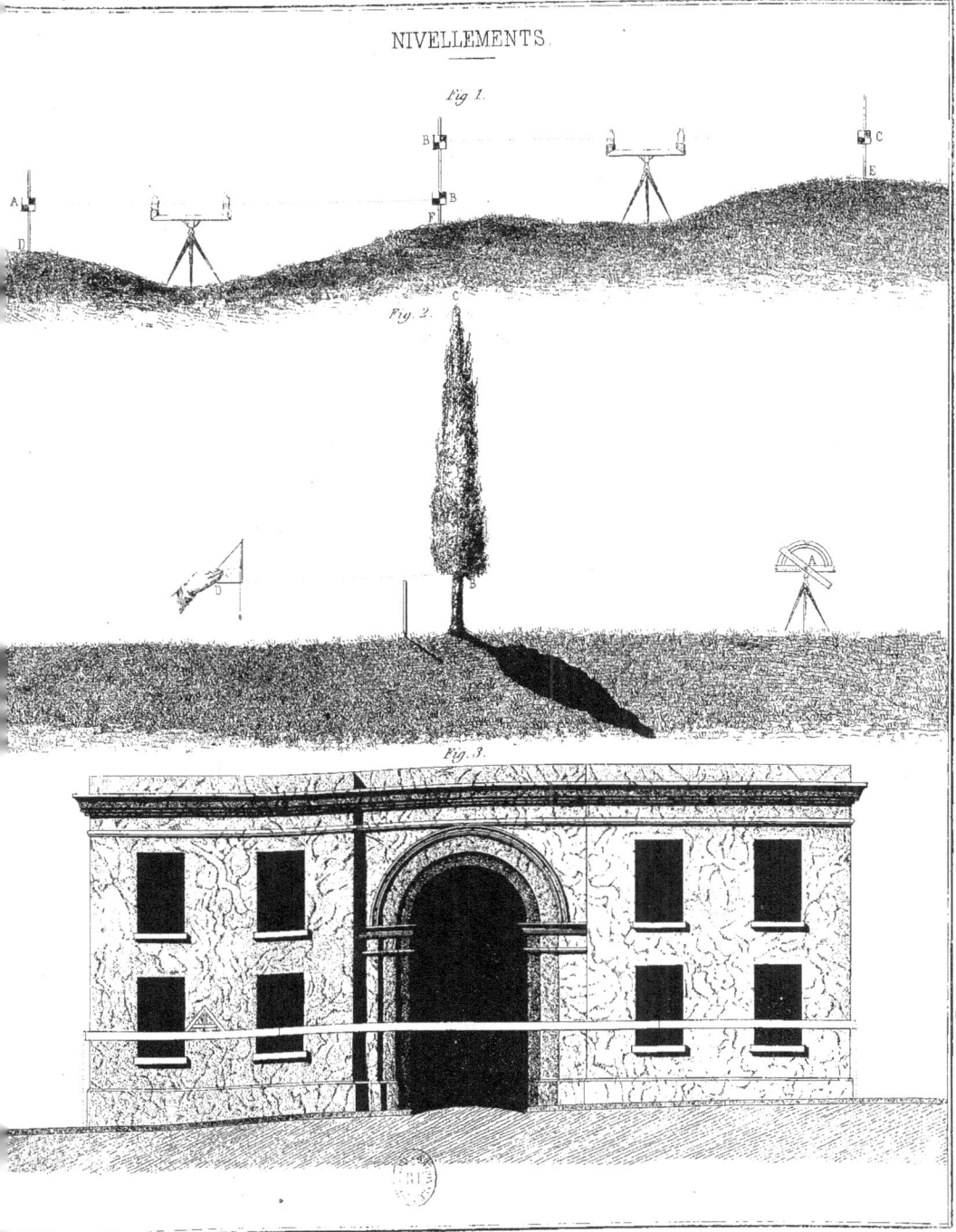

MINISTÈRE DE L'INSTRUCTION PUBLIQUE.

EXTRAIT DU REGISTRE DES DÉLIBÉRATIONS DU CONSEIL DE L'UNIVERSITÉ.

Procès-verbal de la séance du 29 décembre 1848.

Le conseil de l'Université ;

Ouï le rapport sur un ouvrage intitulé : *Cours théorique et pratique de Dessin linéaire*, M. Le Béalle (deuxième édition),

Est d'avis qu'il y a lieu d'accorder l'autorisation demandée pour les écoles primaires supérieures, les écoles normales primaires et les salles d'adultes.

Le chancelier de l'Université,
THÉNARD.

Le conseiller secrétaire général du conseil,
GUIGNIAUT.

Approuvé :

Le ministre de l'instruction publique et des cultes,
FALLOUX.

DIVISION DE L'OUVRAGE.

Cours élémentaire.

1re PARTIE. Étude des lignes droites, Menuiserie. Mosaïques rectilignes ou marqueterie ; — Parquets, portes, fenêtres, vitraux, persiennes, jalousies ; — Grilles, treillages, grecques ; — Filets grecs ; — Devanture de magasin ; — Intérieur de salle à manger ; — Constructions, etc.

2e PARTIE. Étude des lignes courbes, Serrurerie. Grilles, balcons ; — Mosaïques curvilignes ; — Portail en ogive ; — Fenêtre gothique ; — Ponts en fonte ; — Constructions, etc.

3e PARTIE. Étude des surfaces, Charpente. — Maison de plaisance ; élévation, coupe de face et de profil, plan ; — Arc de triomphe de l'Étoile ; — Porte Saint-Denis ; — Plans, coupe et élévation d'une mairie et d'écoles communales ; Détails de pans de bois et de toiture ; — Perspective cavalière d'un pavillon en avant-corps ; — Ponts en charpente, etc.

4e PARTIE. Étude des solides, Projections, Coupe des pierres. — Solides ; — Appareils de murs, de voûtes, de niche, de pont biais ; — Escaliers ; — Pont en pierre ; — Tunnel ; — Maison en pan coupé ; — Halle au blé de Paris, etc.

La spécialité attribuée à chaque partie n'est nullement exclusive.

Cours supérieur.

1re PARTIE. Topographie, Métré, Cubage, Nivellements. — Signes et teintes conventionnels ; — Plans à la chaîne seule, à l'équerre d'arpenteur, au graphomètre, à la planchette, à la boussole ; — Opérations de nivellement, mesure des hauteurs, cubage de déblais et de remblais, etc.

2e PARTIE. Architecture, Perspective. — Tracés des ordres d'architecture ; — Fronton, colonnade, portique ; Édifices en perspective, etc.

3e PARTIE. Ornement, Figure. — Feuilles de laurier, d'olivier, de chêne, d'eau, d'acanthe, etc. ; — Enroulements, rinceaux, entrelas, postes, palmettes, culots ; — Mosaïques, rosaces ; — Porte cochère avec ornements et candélabres ; Attributs de l'agriculture, du commerce, des arts libéraux, etc. ; — Trophées d'armes ; — Tracés de la figure humaine, mascarons, etc.

4e PARTIE. Mécanique, Machines. — Instruments de pesage ; — Poulie, moufles ; — Engrenages, roues d'angle, lanternes ; — Chèvres, grue ; — Vis à filet carré et à filet triangulaire, vis d'Archimède ; — Treuil, cabestan ; — Bélier à percussion ; — Wagon ; — Locomotive, etc.

Chaque Partie se vend séparément.

www.ingramcontent.com/pod-product-compliance
Lightning Source LLC
Chambersburg PA
CBHW030053230526
45471CB00003B/1081